**Bibliografische Information der Deutschen Nationalbibliothek:**

Die Deutsche Bibliothek verzeichnet diese Publikation in der Deutschen National-
bibliografie; detaillierte bibliografische Daten sind im Internet über http://dnb.d-
nb.de/ abrufbar.

**Impressum:**

Copyright © 2018 GRIN Verlag
Druck und Bindung: Books on Demand GmbH, Norderstedt Germany
ISBN: 9783668811676

Julius Bonaventura

# Kambodscha und die Roten Khmer. Die Logik der Gewalt

GRIN Verlag

**GRIN - Your knowledge has value**

Der GRIN Verlag publiziert seit 1998 wissenschaftliche Arbeiten von Studenten, Hochschullehrern und anderen Akademikern als eBook und gedrucktes Buch. Die Verlagswebsite www.grin.com ist die ideale Plattform zur Veröffentlichung von Hausarbeiten, Abschlussarbeiten, wissenschaftlichen Aufsätzen, Dissertationen und Fachbüchern.

**Besuchen Sie uns im Internet:**

http://www.grin.com/

http://www.facebook.com/grincom

http://www.twitter.com/grin_com

Universität Passau

Philosophische Fakultät

Seminararbeit

Im Rahmen des Hauptseminars

**Südostasien im Kalten Krieg**

WS 2017/2018

# Kambodscha und die Roten Khmer – Die Logik der Gewalt

**Julius Bonaventura**

# Inhaltsverzeichnis

# Glossar

| | |
|---|---|
| APK | Arbeiterpartei Kampucheas |
| FUNK | Front Uni National du Kampuchea |
| FUNSK | Front Uni National pour le Salut du Kampuchea (Front zur Befreiung Kampucheas) |
| GRUNK | Gouvernement royal d'union nationale du Kampuchéa (Königliche Regierung der Nationalen Einheit Kambodschas) |
| KPI | Kommunistische Partei Indochinas |
| KPK | Kommunistische Partei Kampucheas |
| KPRP | Kommunistische Partei der Republik Kampuchea |
| ZK | Zentralkomitee |

# 1. Einleitung: Forschungsfrage, Relevanz und Motivation der Arbeit

*Wie lässt sich die Logik der Gewalt in Kambodscha unter den Roten Khmer von 1975 – 1979 erklären?*

Mit dieser Frage wird sich die vorliegende Seminararbeit auseinandersetzen. Warum lohnt sich eine intensive Beschäftigung mit der Thematik? Betrachtet man die verschiedenen Genozide, ethnischen Säuberungen und staatlichen Gewaltakte gegen Kollektive in der Menschheitsgeschichte, ist festzustellen, dass Vergleiche zur Frage nach den Ursachen der Gewalt nur eine bestimmte Reichweite besitzen. Natürlich ist es sinnvoll, wie z.b. durch die komparative Völkermordforschung, Analogien und Differenzen zu eruieren, um Gewalthandlungen dieser Ausprägung besser kategorisieren, verstehen, aus ihnen lernen und somit auch in Zukunft besser verhindern zu können. In der Regel existieren auch Überschneidungen von bestimmten xenophoben, hegemonialen oder politisch motivierten Elementen.[1] Bei allen legitimen Vergleichen ist jedoch stets die Singularität zu betonen, ohne die sich die spezifischen Ereignisse nicht erklären lassen. Durch undifferenzierte Verallgemeinerungen lässt sich der zumeist einzigartige Charakter der Vorfälle nicht in seinem vollen Umfang erfassen. Deshalb müssen Genozide oder ähnliche Ereignisse trotz aller sinnvollen Vergleiche auch unabhängig und getrennt voneinander betrachtet werden um sie in ihrer Eigendynamik und vollem Ausmaß zu verstehen. Abhängig davon, welches historische Ereignis betrachtet wird, lässt sich in der wissenschaftlichen Debatte, teils ein großer Konsens,[2] teils jedoch auch ein hohes Maß an Dissens in der Erklärung der Ereignisse feststellen. Es gibt wohl kaum einen Gewaltakt in der Geschichte der Menschheit von vergleichbaren Ausmaß, wie er in Kambodscha erfolgt ist, der von Wissenschaftlern und Publizisten so kontrovers beurteilt wird. Folglich ist eine intensive Auseinandersetzung mit dem Fall besonders interessant. So existiert bis heute keine Einigkeit, ob es sich bei den Ereignissen um einen, und falls ja in welcher Unterform ausgeprägten Genozid, Auto-Genozid oder „nur" um crimes against humanity handelt. Diese juristische und komplexe Debatte soll in der Seminararbeit allerdings außen vorgelassen werden, da sie wenig zur

---

[1] Vgl. Fein, S. 28 ff., nach Harff und Gurr
[2] So existiert etwa im Bezug auf den Holocaust in der Wissenschaft ein hohes Maß an Einigkeit, dass die entscheidende Ursache für diesen (neben weiteren weniger gewichtigen Elementen) im Antisemitismus vorzufinden ist

Frage nach der Logik der Gewalt beitragen kann.[3] Weiterhin gilt als umstritten, ob die primären Ursachen der Geschehnisse in der Klassen- oder der Rassenfrage zu finden sind. Die Gesamtbewertung der Gewalt in Kambodscha reichen von der These des *„Steinzeitkommunismus"*[4] und *„Steinzeit-Marxisten"*[5] bis hin zu der Antithese eines *„perfekt umgesetzten Maoismus-Leninismus".*[6] Ein Konsens über eine umfassende kausale Erklärung, warum sich zu welchen Zeitpunkten gegen wen die Gewalt richtete, steht nach wie vor aus. Zu diesen Debatten soll die vorliegende Seminararbeit einen Beitrag leisten und auf die Frage nach der Logik oder auch Unlogik der Gewalt eine Antwort geben.

Hierfür wird zunächst im deskriptiven Abschnitt, die Vorgeschichte bis zur Machtergreifung der Roten Khmer, die Zeit ihrer Herrschaft von 1975-1979, sowie die Zeit danach dargelegt werden. Bereits hier sollen Elemente und Gründe für die Gewalt, sowie deren Wandlungen deutlich werden. Daraufhin wird im analytischen Teil unter Berücksichtigung der Sekundärliteratur eine umfassende Erklärung für die Logik der Gewalt gegeben und darauf aufbauend ein Fazit gezogen.

## 2. Historischer Verlauf

Um zu erklären, wie es möglich war, dass die Roten Khmer in Kambodscha an die Macht gelangen konnten, wird zunächst die Entwicklung hin zu ihrer Machtergreifung beschrieben. Anschließend wird die Zeit ihrer Herrschaft und die von ihnen ausgehende Gewalt dargestellt. Da sich ab Beginn des Jahres 1977 zunehmende Veränderungen der Gründe für die Gewalt feststellen lassen, wird der weitere Verlauf getrennt dargestellt werden.

### 2.1 Die Entwicklung hin zur Herrschaft der Roten Khmer

Zu Beginn des 20. Jahrhunderts war Kambodscha ein Teil der Kolonie Französisch-Indochina und stand somit unter der direkten Kontrolle Frankreichs. Infolge des

---

[3] Eine gute Einführung über die wissenschaftliche Debatte um die Frage nach dem Genozid bietet Das Kapitel „Opferzahlen und die Frage nach dem Genozid" (S.159) in Daniel Bultmanns „Kambodscha unter den Roten Khmer, Die Erschaffung des perfekten Sozialisten"
[4] Bultmann, S. 13 f., nach Ponchaud, Cambodia
[5] Kloth
[6] Chandler S. 3 f.

5

1.Indochinakriegs wurde Kambodscha 1954 von Frankreich unabhängig.[7] In den nächsten Jahren festigte König Sihanouk, der von der Demokratischen Partei unterstützt wurde, seine Macht. Er betrieb eine relativ erfolgreiche sozialistische Reformpolitik und genoss große Beliebtheit in der Landbevölkerung, ließ jedoch auch oppositionelle Kräfte brutal unterdrücken.[8]

Im Jahr 1963 wurde Saloth Sar (Pol Pot) Vorsitzender der *KPRP* (seit diesem Zeitpunkt *APK* und später *KPK*) und viele langjährige Gefolgsleute, zumeist Weggefährten aus seiner Pariser Studentenzeit, gelangten in weitere Führungspositionen. Während des 2. Indochinakrieges[9] unterstützte Kambodscha Nordvietnam und lies dessen Truppen im eigenen Territorium operieren. 1969 bestanden die Roten Khmer aus ca. 800 Guerilla-Kämpfern und versuchten sich relativ wirkungslos bei der Landbevölkerung durch die Unterstützung einiger Bauernaufstände zu profilieren. Am 18. März 1970 putschte der Verteidigungsminister Lon Nol mit weiteren rechten Militärs gegen König Sihanouk. In den Folgejahren gelang es den Roten Khmer, die Machtbasis auszubauen und ihre Popularität bei breiten Massen der Bevölkerung deutlich zu verbessern. Aufgrund der zunehmenden US-Bombardements gegen kambodschanische, von Aufständischen Gruppen kontrollierten Gebiete, die zwischen 50.000-300.000 Menschen töteten,[10] erhielten die Roten Khmer einen starken Zulauf an Rekruten und konnten eine Gesamtstärke von ca. 40.000 Kämpfern erreichen.[11] Weiterhin kam es zu Zweckbündnissen, der *FUNK* und der *GRUNK,* zwischen den Roten Khmer, linken Nationalisten, Monarchisten und König Sihanouk, der bei weiten Teilen der

---

[7] 1. Indochinakrieg (1946-1954): Krieg in Französisch-Indochina zwischen Frankreich und den aufständischen *Vietminh* (Vietnam Doc Lap Dong Minh Hoi, Liga für die Unabhängigkeit Vietnams), die von den *Khmer Issarak* (Kurzform von Nekhum Issarak Khmer (Front für ein freies Kambodscha) und *Lao Issara* (zu Deutsch: freies Laos) unterstützt wurden. Infolge der französischen Niederlage bei *Dien Bien Phu* und der darauf 1955 in Genf folgenden *Indochinakonferenz* mussten die Franzosen das Land verlassen und Vietnam (allerdings aufgeteilt in Süd- und Nordvietnam), Kambodscha und Laos wurden unabhängig. Die aufständischen Gruppen bildeten die Basis für spätere Guerillabewegungen
[8] So auch gegen die KPRP und spätere APK
[9] 2. Indochinakrieg/ Vietnamkrieg (1955-1975): begann zunächst als Bürgerkrieg in Südvietnam (1955-1964) zwischen den von Nordvietnam unterstützten *Vietminh* (später Vietcong) und der antikommunistischen von den USA abhängigen südvietnamesischen Regierung. Die Auseinandersetzung entwickelte sich hin zu einem Stellvertreterkrieg indem sich immer mehr Großmächte, sowohl direkt als auch indirekt, engagierten. Infolge des Truppenabzugs der USA 1973 konnten die Nordvietnamesen weiter vorrücken und der Krieg wurde schließlich am 01.05.1975 durch die Einnahme Saigons beendet. Anschließend wurden der Norden und der Süden wiedervereinigt
[10] Vgl. Bultmann, S. 63 f.
[11] Vgl. ebenda, S. 54 f., auch diese Zahl ist äußerst umstritten und andere Schätzungen reichen von 15.000-200.000 Kämpfern

Bevölkerung nach wie vor großen Zuspruch besaß. Weiteren Zulauf erhielten die Roten Khmer als Reaktion auf eine Offensive von Südvietnam 1972 gegen Kambodscha, bei der Massaker gegen Zivilsten verübt wurden. Sowohl interne als auch externe Faktoren haben also zur Machtergreifung der Roten Khmer geführt.[12] Am 17. April kam es zum Einmarsch in der Hauptstadt Phnom Penh und das Lon-Nol Regime wurde abgesetzt. Der Bürgerkrieg war gewonnen, das *Demokratische Kampuchea* wurde ausgerufen und die 7,8 Millionen Einwohner standen nun unter der Herrschaft der Roten Khmer.

## 2.2 Die erste Phase der Gewalt

Nach dem Einmarsch in Phnom Penh begannen die Roten Khmer umgehend mit der Festigung ihrer Macht. Das Ziel, beeinflusst durch die chinesisch-maoistische Kulturrevolution, bestand in der Errichtung einer kommunistisch-egalitären Agrargesellschaft in bäuerlichen Kooperativen ohne schädliche, ausländische, kapitalistische und religiöse Einflüsse. Das *ZK* der *KP* besaß die Vorstellung, dass sie die Interessen von 95 % der Bevölkerung vertreten würde. Während die restlichen konterrevolutionären 5 % kontrolliert oder liquidiert werden sollten, müsste der überwiegenden Mehrheit also lediglich die richtige revolutionäre und klassenbewusste Haltung beigebracht werden. *„Khmer Rouge leaders were obsessed with the idea that their revolution be „pure". This absolutism was made manifest in many ways."*[13] Am Tag der Einnahme Phnom Penhs trat in der Stadt ein Kongress führender Kader unter Pol Pot zusammen und erstellte folgende Agenda:

1. Evakuiert alle Menschen aus den Städten.
2. Schafft alle Märkte ab.
3. Schafft die Währung des Lon-Nol Regimes ab und haltet die Revolutionswährung bis auf weiteres zurück.
4. Entledigt die Mönche ihrer Roben und schickt sie zur Arbeit auf die Reisfelder
5. Exekutiert alle Anführer des Lon-Nol Regimes, beginnend mit der obersten Führungsriege
6. Errichtet herausragende Kooperative mitsamt kommunalem Essen im ganzen Land

---

[12] Vgl. Grabowsky, S. 62 f.
[13] Sharp

7. Vertreibt alle Vietnamesen

8. Schickt Truppen an die Grenze, vor allem an die Grenze zu Vietnam[14]

Die Anweisungen wurden schnell umgesetzt. Verbliebene Führungspersonen des alten Lon-Nol Regimes im Staatsapparat und Militär, wurden verhaftet und zumeist, so auch der ehemalige Premierminister Long Boret und das zweite Staatsoberhaupt Prinz Sirik Matak, liquidiert. Doch auch in den Reihen der *FUNK* und der *GRUNK*, die sogar noch formal die Regierung darstellte, begannen die Roten Khmer damit verbliebene Konkurrenten systematisch auszuschalten. Prinz Sihanouk wurde unter Hausarrest gestellt und viele seiner Familienmitglieder wurden getötet. Nun konzentrierte sich die gesamte Macht im aus 15-20 Mitgliedern[15] bestehenden *ZK* der *KP*[16]; bei Pol Pot und seinen Gefolgsleuten. In den folgenden Wochen kam es zu einer chaotischen Deurbanisierung, bei der ca. dreieinhalb[17] Millionen Menschen in teils wochenlagen Märschen, bei denen Viele aufgrund von Entkräftung starben, von den Städten auf das Land vertrieben wurden, um im Agrarsektor zu arbeiten. Schließlich galten Städte als schwer zu kontrollieren und bedeuteten die Gefahr „konterrevolutionärer Netzwerke".[18] Desweiteren richtete sich die Gewalt zu Beginn insbesondere gegen Intellektuelle, da jene oft mit dem „alten kapitalistischen System" in Verbindung gebracht wurden. Das Ziel bestand darin, bei „Null" anzufangen.[19] Bereits durch das Tragen einer Brille galt man allgemeinhin als verdächtig. Die Khmer-Herrschaft überlebten nur 40 von einst 270 Doktoren.[20] Seit der Machtübernahme wurde, trotz offiziell proklamierter Religionsfreiheit, der Buddhismus, dem 80 % der Kambodschaner anhingen, geächtet und eine systematische Verfolgung gegen Mönche eingeleitet, bei denen etwa 68.000 von 70.000 getötet wurden.[21] Die meisten Pagoden und religiöse Artefakte wurden vernichtet. Das Verbot von religiösen Ritualen bedeutete für viele Menschen einen harten Einschnitt in den Alltag und führte zu einem Sinnesverlust.

In den ersten Monaten fielen der Gewalt vor allem auch religiöse und ethnische Minderheiten zum Opfer, obwohl diese sowohl auf Seiten des Lon-Nol Regimes als

---

[14] Vgl. Bultmann, S. 84 f.
[15] Vgl. Rinaldo
[16] Diese besaß zum Zeitpunkt der Machtübernahme ca. 60.000 Mitglieder. Von einer „vom Volk getragenen Massenbewegung" kann also kaum die Rede sein
[17] Vgl. Goeb, S. 58 ff.
[18] Vgl. Bultmann, S. 85 f.
[19] Vgl. Goeb, S. 68 f.
[20] Vgl. Sharp
[21] Vgl. Barth, S. 154 f., nach Rubinstein, Genocide, S.223

auch auf Seiten der Roten Khmer gekämpft hatten. Ethnische Minderheiten machten zu diesem Zeitpunkt in Kambodscha ca. 20 % der Bevölkerung aus.[22] Die stärkste betroffene Minderheit war die der muslimischen Cham. Diese waren vergleichsweise gut gebildet und wohlhabend. Darüber hinaus waren sie relativ gut in die kambodschanische Gesellschaft integriert; Mischehen zwischen Khmer und Cham waren in vielen Gegenden durchaus üblich.[23] Weitere betroffene Minderheiten waren insbesondere Vietnamesen[24] und Chinesen, aber auch Laoten, Thai und 20 weitere Gruppen.

Nach der Machtübernahme begannen die Roten Khmer im Rahmen des „Vierjahresplan" umgehend mit der Umsetzung ihrer ökonomischen Vorstellungen. Die Nationalbank wurde gesprengt und Geld wurde abgeschafft. Privatbesitz musste abgegeben werden und wurde so gut wie verboten. Durch die Zwangsumsiedlungen der urbanen Bevölkerung in die Agrarkollektive sollten hohe Reisexporte erzielt werden. So soll Pol Pot einmal gesagt haben: *„If we have rice, we have everything."*[25] Reisfelder wurden unabhängig von naturellen Faktoren und regionalen Bodenbeschaffenheiten überall gleichartig schachbrettförmig aufgebaut, um die Utopie der universellen Konformität ebenfalls auf die Natur zu übertragen.[26] Durch die Einnahmen aus den Exportüberschüssen sollte mittelfristig eine staatlich kontrollierte Mittel- und Schwerindustrie aufgebaut werden, welche die kambodschanische Autonomie vom Ausland garantieren würde. Das Konzept richtete sich allerdings eher nach utopischen Vorstellungen als nach den Realitäten. Geplant wurde zum Beispiel die Errichtung von Eisenverarbeitungsfabriken, obwohl Kambodscha keinerlei Vorkommen an Eisen besaß.[27]

Parallel zur Umgestaltung der Wirtschaft ging eine Neuordnung der Gesellschaft einher, die auf der orthodox-marxistischen Einteilung in Avantgarde, (träge) Masse und Feinde beruhte. Führungspositionen wurden natürlich durch Parteikader besetzt. Die Masse wurde in zwei Hauptkategorien, mit weiteren Unterkategorien eingeteilt. Jene, die bereits vor der Einnahme Phnom Penhs in von den Roten Khmer besetzten

---

[22] Vgl. Kiernan, S. 251 f., nach Kunstadter, Southeast Asian Tribes, Minorities, and Nations
[23] Vgl. Goeb, S. 75 ff.
[24] Anfang 1977 wurden alle 10.000 im Land verbliebenen Vietnamesen, die wie die anderen 150.000 dem Aufruf ihrer Regierung 1975 zur Rückkehr nicht gefolgt waren, im Rahmen der „Direktive 870" in „staatliche Sicherheit" übergeben
[25] Chandler, S. 118 f.
[26] Vgl. Bultmann S. 138 f.
[27] Vgl. Chandler, S. 119 f.

Gebieten gelebt hatten, bildeten das „Alt-" oder auch „Basisvolk" (ca. 60 %). Sie besaßen bestimmte Privilegien (teilweise z.b. größere Essensrationen) und konnten leichter in höhere Positionen aufsteigen. Solche, die vor dem 17. April 1975 in den vom Lon-Nol Regime kontrollierten Gebieten gelebt hatten, stellten das „Neuvolk" (ca. 40 %),[28] zumeist Angehörige der ehemaligen Stadtbevölkerung oder höherer Schichten, dar. Diese mussten in der Regel am härtesten arbeiten und erhielten geringere Essensrationen.

Wie kann man sich das Alltagsleben unter der Herrschaft der Roten Khmer vorstellen? Die meisten Kambodschaner lebten zum Zweck der Reisproduktion und der Umerziehung in den von der Außenwelt isolierten bäuerlichen Kooperativen. Dort mussten sie ab dem Jugendalter in der Regel mehr als die vorgegebenen 12 Stunden am Tag, zumeist mehrere Wochen lang ohne einen freien Tag, arbeiten.[29] Von Beginn an starben aufgrund der extremen Arbeitsbedingungen viele Menschen an Entkräftung. In den Kooperativen wurden die Menschen nach Geschlecht und Alter getrennt, was zur Destruktion von Familienverbänden führte. Die Partei ersetzte die Autorität der Eltern, und übernahm z.B. die Aufgabe von Eheschließungen. Schulen waren abgeschafft worden und die Erziehung wurde von Parteikadern übernommen. Gemäß der maoistischen Logik der reziproken kollektiven Umerziehung mussten die Menschen in Selbstkritiksitzungen „Vergehen" zugeben und an ihrer „sozialistischen Moral" arbeiten. Das Ziel bestand darin, Kontrolle auf das Denken und die Sprache der Menschen auszuüben. Jegliche Formen des Individualismus sollten beseitigt werden. Es galt eine homogene Kleider- und Haarschnittordnung und das Tragen von Schmuck war verboten. Gefühlsäußerungen (Weinen, Lachen, etc.) und zu „hierarchische Ansprachen wie Vater, Mutter oder „Sie", wurden verboten.

Es ist also festzuhalten, dass sich die Gewalt vom 17. April 1975 bis zu Beginn des Jahres 1977 in der Regel gegen ehemalige Lon-Nol Anhänger und Eliten des alten Systems, Mönche, ethnische und religiöse Minderheiten, und teilweise auch, bedingt durch lange Märsche und harte Arbeitsbedingungen gegen Mitglieder des „Neuvolks" richtete.

---

[28] Vgl. Grabowsky, S. 377 ff.
[29] Vgl. Bultmann, S. 95 f.

## 2.3 Die zweite Phase und das Ende der Gewalt

*„By late 1977, a daily can of rice was shared among five people. People dropped like flies".*[30] In zunehmendem Maße manifestierten sich die Auswirkungen des „Vierjahresplans". Mit einer immer schlechteren Lebensmittelversorgung ging eine Zunahme an Krankheiten einher, die wiederum dadurch verstärkt wurde, dass viele Ärzte nicht mehr praktizieren durften oder bereits liquidiert worden waren, da sie meistens einen „falschen" Klassenhintergrund besaßen. Der Grund für die schlechte Lebensmittelversorgung bestand allerding stärker in der Erfüllung von festgesetzten Exportqouten und der sich daraus ergebenden mangelnden Verteilung an die Bevölkerung, als in zu geringer Produktion. Anstatt die Schuld jedoch in der eigenen Politik zu suchen, wurden „Mikroben" (Kleinlebewesen wie Bakterien, Pilze und Viren)[31] in der Partei, Armee und Bevölkerung für den mangelnden Erfolg verantwortlich gemacht. Hatte sich die Gewalt davor nur vereinzelt gegen eigene Kader und Mitglieder des „Basisvolks" gerichtet, wandte sich die Gewalt nun in zunehmendem Maße gegen sie. Wer, in der Regel zu Unrecht, verdächtigt wurde, Sabotage zu betreiben oder ein Agent einer feindlichen Macht zu sein, wurde in eines der 196 „Sicherheits- und Umerziehungszentren"[32] eingeliefert und, zumeist unter Folter, verhört.[33] Als Gefängnispersonal wurden in der Regel sich im Jugendalter befindliche und ungebildete Personen ausgewählt.[34] Wenn diese nicht eine vorgegebene Anzahl von Geständnissen erwirkten, konnten sie schnell selbst als „Verräter" gelten.[35] Ab Mitte 1977 war das Gefängnissystem essentieller Bestandteil der Herrschaftssicherung der Roten Khmer.[36] Auf eine steigende Zahl von, unter Folter erzwungenen und meist bereits im Vorfeld feststehenden, „Geständnissen" erfolgten mehr Dokumente mit weiteren Anschuldigungen, woraufhin die Paranoia der Parteieliten über weitere „Mikroben" zunahm, was wiederum zu mehr Gefangenen führte. Ein Kreislauf mit einer fatalen Eigendynamik war in Gang gesetzt worden. Zunehmende Grenzkonflikte mit Vietnam seit Ende 1977 bestärkten

---

[30] Kiernan, S. 240 f.
[31] Vgl. Chandler, S. 129 f.
[32] Vgl. Bultmann, S. 112 f.
[33] Um der Gefahr der Schaffung neuer Feinde in Folge einer Exekution zuvorzukommen, wurden bei einer Festnahme gewöhnlich der Ehepartner und die Kinder ebenfalls gefangen genommen und erlitten das gleiche Schicksal wie der eigentliche Inhaftierte
[34] Vgl. Kiernan, S. 316 f., so waren laut Kiernan 82 der 111 Toul Sleng-Wärter 21 Jahre oder jünger
[35] Laut Chandler wurden ca. 60 % aller Wärter in Toul Sleng während der Herrschaft der Roten Khmer hingericht
[36] Vgl. Chandler, S. 131 f.

die Führungsrige in ihrer Angst vor feindlichen Agenten, was zur ansteigenden Eskalation beitrug. Als weitere Ursachen für die Gewalt gegen die „eigenen Leute" kann das Ziel der Geheimhaltung des Sicherheitsapparats S-21 und der unbedingte Wille, alle inneren Feinde zu beseitigen, betrachtet werden. So soll Nuon Chea[37] gesagt haben: *„Es ist besser, zehn Personen fälschlich zu verhaften, als auch nur einen einzigen Schuldigen entkommen zu lassen."*[38]

Während in den regionalen Distriktgefägnissen noch eine geringe Überlebenswahrscheinlichkeit bestand, ist aus dem Zentralgefängnis „Tuol Sleng"[39] kein einziger Fall einer Entlassung bekannt. Die Zahlen der Exekutionsopfer schwanken von 200.000 bis eine Millionen.[40] Hatte es in den Jahren 1976 und 1977 weniger Exekutionen gegeben als im Jahr 1975, erreichten die Zahlen 1978 ihren Höhepunkt.[41] Ca. 50 % aller Kader fielen den „Säuberungen" zum Opfer.[42] So auch fünf von 13 Ministern der Machtübernahme[43] und alle bis auf einen Leiter der Zonen.

Das Ausmaß der Gewalt variierte abhängig von der Region. Im Nordwesten war die höchste Anzahl an Toten zu verzeichnen, im Osten hingegen war die Situation etwas „besser" als im Landesdurchschnitt.

Die *KP* konnte sich in ihrer Machtbasis auf keine breite Massenbewegung stützen. Die meisten Menschen fügten sich, insbesondere ab 1977 aus Angst und nicht aus Überzeugung. Eintrittsmotive in die Partei waren oftmals Zwang, oder die Folge des „bandwagon-effects",[44] Während der Herrschaft der Roten Khmer formierte sich durchaus Wiederstand. Es erfolgten sechs Umsturzversuche und im Oktober 1978 waren 16 von 19 Provinzen umkämpft.[45] Von innen heraus konnten die Kambodschaner das Regime jedoch nicht stürzen. Nachdem die Grenzkonflikte

---

[37] Gilt allgemeinhin als die „Nr. 2" hinter Pol Pot und ist der vom Roten-Khmer-Tribunal höchste Angeklagte
[38] Grabowsky, S.343 f., nach Henri Locard: Le „petit livre rouge" de Pol Pot ou les paroles de l' Angkar, Paris 1996, S. 175
[39] Bei dem Gebäudekpmplex handelte es sich um eine ehemalige Schule in Pnom Penh. Während der Khmer-Herrschaft wurden allein in Tuol Sleng zwischen 14.000 und 20.000 Menschen exekutiert. Zum Zeitpunkt der vietnamesischen Okkupation des Gefängnis` waren noch zwölf (andere Quellen berichten von sechs) Personen am Leben
[40] Vgl. Bultmann, S. 144 f.
[41] Vgl. Sharp
[42] Vgl. Bultmann, S. 20 f.
[43] Vgl. Barth, S. 159 f.
[44] Bandwagon-effect oder auch Mittläufereffekt: Kooperieren mit der „Gewinnerseite" um die eigene Position zu verbessern
[45] Vgl. Goebb, S. 98 f.

weiter zunahmen und die Khmer-Artillerie vietnamesische Städte beschossen hatte,[46] intervenierte Vietnam. Bereits 1977 war es im Rahmen einer Großoffensive 20 Kilometer in das mit China verbündete Kambodscha, abgesichert durch ein Freundschaftsabkommen mit Laos und der Sowjetunion, kurzfristig eingedrungen und marschierte an Weihnachten des Jahres 1978 erneut in Kambodscha ein. Den 150.000 gut ausgebildeten Soldaten, unterstützt von Panzern und 15.000 desertierten kambodschanischen Soldaten der FUNSK,[47] konnte die kambodschanische Armee kaum Wiederstand entgegensetzten. Am 7. Januar 1979 wurde das menschenleere Phnom Penh eingenommen, die Herrschaft der Roten Khmer war beendet und eine pro-vietnamesische Regierung unter Heng Samrin[48] wurde eingesetzt. Bis 1989 stand Kambodscha unter vietnamesischer Besatzung, die von den Roten Khmer und weiteren Guerillabewegungen aus ländlichen Gebieten weiterhin, wenn auch relativ erfolglos, bekämpft wurde. Anschließend wurde Kambodscha unter eine UN-Übergangsverwaltung gestellt und 1993 konnten schließlich Neuwahlen abgehalten werden. Kambodscha wurde zu einer konstitutionellen Monarchie mit einem demokratischen Mehrparteiensystem und einer Marktwirtschaft transformiert.

Ab 1996 waren die immer noch im Untergrund existierenden Roten Khmer durch fortschreitende Auflösungstendenzen gekennzeichnet. Im selben Jahr starb Pol Pot unter bis heute ungeklärten Umständen[49] und die letzten verbliebenen Gefolgsleute lösten sich 1998 auf. Die Zahlen über die Höhe der Opfer schwanken von 740.000[50]-3.300.000.[51] Am häufigsten wird die Zahl 1.700.000 verwendet.[52] Es wird, ebenfalls variierend von der Quelle geschätzt, dass etwa 70 % der Toten an den Faktoren Krankheit, Hunger und Entkräftung verstarben, während etwa 30 % durch Exekutionen und bewaffnete Auseinandersetzungen getötet wurden.[53]

---

[46] Chandoc und Hatien
[47] Vgl. Goebb, S. 167 f.
[48] Heng Samrin war ein ehemaliger Führungskader der Roten Khmer. Er hatte sich mit der Zeit allerdings gegen Pol Pot gewandt und war nach Vietnam geflohen, wo er mit weiteren ehemaligen Kadern unter vietnamesischer Beihilfe die FUNSK gegründet hatte
[49] Vermutlich begann er Suizid oder wurde von eigenen Anhängern aufgrund interner Konflikte umgebracht
[50] Laut einigen marxistischen Wissenschaftlern oder auch des Ökonomen Angus Maddison
[51] Laut der Nachfolgeregierung unter Heng Samrin
[52] So z.B. Ben Kiernan im Cambodian genocide studies programm der Yale university
[53] Vgl. Kiernan (2009), S. 696 f.

# 3. Diskussion der Logik der Gewalt

Zunächst soll die Debatte erörtert werden, ob die Gründe der Gewalt eher in der ethnischen Angehörigkeit oder der Klassenzugehörigkeit vorzufinden sind. Hierauf aufbauend, soll eine umfassende Analyse der Gewalt, auch durch den Vergleich mit ähnlichen Regimen, erfolgen. Dadurch soll die Logik der Gewalt erklärt werden und somit eine Beantwortung der Forschungsfrage erreicht werden.

## 3.1 Die Gewalt in Kambodscha: Eine Frage der Rasse oder der Klasse?

Da die Opferzahlen ja nach Quelle stark schwanken, lässt sich nicht mit absoluter Genauigkeit feststellen, in welcher Gruppe wie viele Tote zu verzeichnen sind. Trotzdem ergeben sich aus den meisten Quellen relativ ähnliche Tendenzen, was die Opferverteilung der verschiedenen sozialen Gruppen betrifft. Folgt man dem australischen Historiker Ben Kiernan, der die Gesamtzahl der Opfer auf 1.671.000 beziffert, ergibt sich folgendes Abbild: [54]

| „Neuvolk" | Anzahl der Toten | Anteil der Toten im Verhältnis zur Gesamtheit der sozialen Gruppe in Prozent |
|---|---|---|
| Urbane Khmer | 150.000 | 25 % |
| Ländliche Khmer | 150.000 | 25 % |
| Chinesen (alle urban) | 215.000 | 50 % |
| Urbane Vietnamesen | 10.000 | 100 % |
| Ländliche Laoten | 4.000 | 40 % |
| „Neuvolk" insgesamt | 879.000 | 29 % |

| Altvolk" | Anzahl der Toten | Anteil der Toten im Verhältnis zur Gesamtheit der sozialen Gruppe in Prozent |
|---|---|---|
| Ländliche Khmer | 675.000 | 15 % |
| Cham (alle ländlich) | 90.000 | 36 % |
| Ländliche Vietnamesen | 10.000 | 100 % |

---

[54] Abbildung nach Kiernan, S. 458 f.

14

| Ländliche Thai | 8.000 | 40 % |
|---|---|---|
| Minderheiten aus dem Hochland | 9.000 | 15 % |
| „Basisvolk" insgesamt | 792.000 | 16 % |
| Kambodschaner insgesamt | 1.671.000 | 21 % |

Kiernan interpretiert die Zahlen insofern, als dass sich der Kern der Gewalt aus der Rassen- und nicht die Klassenzugehörigkeit ergab.[55] Betrachtet man die Zahlen erscheint dies durchaus plausibel. Schließlich sind diese bei den ethnischen Minderheiten deutlich höher als bei den ethnischen Khmer. Auch im herrschenden Diskurs wurden rassistische Elemente eingesetzt. Politischen Feinden wurde oftmals ein „vietnamesisches Bewusstsein" vorgeworfen. So forderte beispielsweise der staatliche Rundfunksender am 10. Mai 1978, für jeden toten Kambodschaner 30 Vietnamesen zu töten und das vietnamesische Volk somit zu vernichten.[56] Es ist mit Sicherheit richtig, die Bedeutung von Nationalismus und Rassismus für die Gewalt hervorzuheben. Ob diese Elemente allerdings den Kern der Gewalt ausmachen und somit ihre Logik erklären würden, ist mehr als fraglich. Diese ist eher im Klassenkampf zu finden. Volker Grabowsky kritisiert an Kiernans These: „(...) Doch die große Mehrheit der Opfer waren ethnische Khmer (...); und Angehörige ethnischer Minderheiten wie Chinesen oder Thai wurden nicht wegen ihrer „Rassenzugehörigkeit", sondern ebenso wie die ethnischen Khmer aufgrund sozialer und politischer Kriterien verfolgt. (...) Daher ist Kiernans These vom „rassistisch-nationalistischen" Charakter des Pol-Pot-Regimes zurückzuweisen."[57] War man einer ethnischen bzw. religiösen Minderheit zugehörig, war es durchaus üblich, allein aufgrund dieser Tatsache diskriminiert zu werden, was bis hin zur Ermordung führen konnte. Es bestand aber kein Automatismus (es sei dem man war ein im Land verbliebener Vietnamese) zwischen der ethnischen Angehörigkeit und der Ermordung durch besonders harte Arbeit oder Exekution. War man, wie im historischen Verlauf dargelegt, hingegen Mitglied einer falschen sozialen Gruppe (ehemaliger Lon Nol Anhänger, Mönch, etc.) oder ein politischer Gegner, so

---

[55] Vgl. Kiernan (2009), S. 696 f.
[56] Vgl. ebenda., S. 709 f.
[57] Grabowsky, S. 344 f.

existierte jener Automatismus. Die Gewalt konnte Jedermann zu jedem Zeitpunkt treffen. Insbesondere im Rahmen der pateiinternen Säuberungen ab Mitte 1977, richtete sich die Gewalt in zunehmenden Maße gegen, teils reale, teils imaginäre politische Feinde aus den „eigenen Reihen". Nationalismus und Rassismus können als katalysierende Faktoren für die Gewalt angesehen werden, sie waren aber meist eine verstärkende und keine ursächliche Bedingung für die Gewalt, und stellen nicht den Kern ihrer Logik dar. Sie müssen als Faktoren berücksichtigt, aber nicht zum Wesensgehalt der Gewalt verklärt werden. Dieser ist vielmehr in der Sozialutopie und der Gesellschaftsvorstellung der Roten Khmer zu finden, aus der sich eine emergente und singuläre Entwicklung von direkter und struktureller Gewalt, in Form des Sicherheitsapparats und der Wirtschafts- und Sozialordnung ergab.

Inwiefern die Gewalt durch die Herrschaft der Roten Khmer durch Einzigartigkeit gekennzeichnet war und wo sie durchaus mit von anderen real existierenden kommunistischen Regimen verübter Gewalt vergleichbar und möglicherweise inspiriert war, wird im nächsten Abschnitt erörtert werden.

### 3.2 Diagnose der Gewalt

Der amerikanische Historiker David Chandler sieht in den Roten Khmer die reinste marxistisch-leninistische Bewegung aller Zeiten.[58] Doch wie kommunistisch, marxistisch, leninistisch, stalinistisch oder maoistisch waren Pol Pot und seine Gefolgsleute wirklich? Da es sich um politische Ideologien mit vielen Unterströmungen handelt, die sich wissenschaftlich nicht eindeutig definieren lassen, macht eine eindeutige Klassifikation schwierig. Für den einen ist das Wort Kommunismus positiv konnotiert, für den anderen hingegen negativ. Auch gilt es, Theorie und Praxis zu trennen. Zunächst ist grundsätzlich daran zu zweifeln wie genau die Führung der Roten Khmer überhaupt mit den Grundzügen der kommunistischen Theorie vertraut war. Schließlich ist nur ein einziges Mal dokumentiert worden, dass Pol Pot angab, kommunistische Literatur gelesen zu haben.[59]

Vergleicht man das politische System Kambodschas mit anderen kommunistischen Systemen, lassen sich eindeutige Gemeinsamkeiten feststellen. Im „Vierjahresplan", der Massenmobilisierung und der orthodox-marxistischen inspirierten

---

[58] Vgl. Chandler, S. 3 f.
[59] Vgl. Barth, S.155 f., nach Mark/ Simon, Einführung S. 10

Gesellschaftsordnung, sind eindeutige theoretische Parallelen zur chinesischen Kulturrevolution erkennbar. Auch das Streben nach ökonomischer Autarkie ist typisch (z.B. Nordkorea). Allerdings wurde in der Regel, im Gegensatz zu Kambodscha, auf Berater und finanzielle Unterstützung aus „sozialistischen Bruderstaaten" gesetzt.

Es überwiegen jedoch die Unterschiede. Derartig antistädtische Elemente und die daraus hervorgehenden radikale Deurbanisierung lassen sich in dieser Ausprägung in keiner anderen Gesellschaft vorfinden. Auch der den Alltag bestimmende Antimaterialismus und die kompromisslos durchgeführte Planwirtschaft spricht für die Singularität der Ereignisse in Kambodscha. In keiner anderen modernen Gesellschaft wurde jemals das Bargeld abgeschafft. Zwar gab es in vielen kommunistischen Ländern imperiale Tendenzen (z.B. Sowjetunion), doch in dieser ausgeprägten und vor allem unrealistischen Form in Verbindung mit einem extrem verbreiteten Nationalismus, Rassismus und Chauvinismus lassen sie sich nicht vorfinden. Eine paranoide Führung, deren Folgen Säuberungen waren, trugen sich auch in vergleichbaren Regimen (z.B. Sowjetunion unter Stalin, China, Vietnam) zu, doch auch hier sucht das Ausmaß seinen Vergleich. So wurden z.B. auch in Vietnam und China politische Feinde teils willkürlich eingesperrt, gefoltert, und oftmals hingerichtet. Eine Resozialisierung stellte aber eher die Regel als die Ausnahme dar. An die Qualität des kambodschanischen Sicherheitssystems mit Tuol Sleng und den „Killing Fields"[60] reichen ihre Gefängnisapparate bei weitem nicht heran. Die lang andauernde, sich erst 1977 unter Druck Chinas aufgehobene Geheimhaltung der Partei und Pol Pots, der (vor allem durch die Säuberungen entstandene) defizitäre Staatsapparat und der mangelnde Glaube an einen historischen Fortschritt sind weitere untypische Elemente der Roten Khmer. Stichhaltig formuliert es Boris Barth:

*„Die Ideologie der Khmer Rouge stellte ein Amalgam aus verschiedenen Einflüssen dar, die nur schwer gegeneinander abzuwägen sind. Es finden sich Elemente eines Khmer-Elite-Chauvinismus, Nationalismus der dritten Welt, ein primitiver Stalinismus und einige Aspekte von Maos „großem Sprung." (…) Ferner finden sich*

---

[60] Killing Fields: sich um die Gefängnisse herum befindlichen Massengräber, auf denen die meisten Hinrichtungen vollzogen wurden. Um Ressourcen zu sparen wurden die Häftlinge zumeist mit Schaufel- oder Axthieben in den Nacken getötet. Kleinkinder von Häftlingen wurden oftmals einfach gegen Bäume geschleudert. Um den Geruch der Leichen zu übertünchen, wurde dann in regelmäßigen Abständen Säure über die Gräber geschüttet. Damit die Bewohner der umliegenden Dörfer so wenig wie möglich von den Vorgängen mitbekamen spielten die Kader häufig Musik um die Schreie zu übertönen.

*in der Ideologie der Khmer Rouge hypernationalistische Pan-Elemente, die für kommunistische Systeme untypisch sind.*[61] Ähnlich urteilt Rachel Rinaldo: *„Their declared ideology was a strange admixture of elements of Stalinism and Maoism, but it would be a number of more general elements. Among the more notable characteristics of the Khmer Rouge and Democratic Kampuchea were autarchy, authoritarism, brutality, secrecy, reliance on willpower, extreme communalism, obsession with purity and purging, upholding of the poorest peasants as the true Khmers, anti-Vietnamese hysteria, and extreme nationalism.*[62]

Ein weiterer umstrittener Punkt besteht in der Frage, ob die Gewalt als Folge von Ordnung oder von Chaos anzusehen ist. Der Historiker Peter Scholl-Latour bezeichnete die Roten Khmer als „mordende Zombies"[63] und beurteilt den Ursprung der Gewalt wie folgt: *„Diese Kombination von pseudo-marxistischer Verblendung, wie sie auf dem linken Seine-Ufer gedeiht, und urweltlicher „sauvagerie", das ist das Geheimnis der Roten Khmer."*[64] Für ihn erfolgte die Gewalt also aus einer bestehenden Unordnung. Doch brutale, vielfach willkürliche und ausufernde Gewalt darf nicht mit Planlosigkeit oder gar Dummheit gleichgesetzt werden. Auch Pol Pot wird von Zeitgenossen als hochintelligente, ruhige und durchaus empathische Person, nicht etwa als wahnsinniger Massenmörder beschrieben.[65] Doch lassen sich bei genauerer Betrachtung in der Ideologie und dem Gewaltapparat ein hohes Maß an Struktur, Systematik und Bürokratie erkennen. Gerade aus der bis ins letzte Detail geplanten Transformation der Gesellschaft mit dem Ziel der umfassenden Kontrolle über das Leben und Denken der Menschen und der sich daraus ergebenden Eigendynamik ist der eigentliche Ursprung der Gewalt zu finden. Betrachtet man die Dinge aus ihrer Logik heraus, erscheinen die Ereignisse in hohem Maße rational, nicht irrational. Zutreffend formuliert es Daniel Bultmann: *„Die Gewalt folgte dabei einer kollektivistischen Ordnungsfantasie, sie war kein Zusammenbruch von Ordnung, sondern der unerbittliche Versuch der Durchsetzung eines ordnungskonformen Denkens."*[66]

---

[61] Barth, S. 156 f.
[62] Rinaldo
[63] Vgl. Scholl-Latour
[64] Vgl. Ebenda, S. 290 f.
[65] Vgl. Chandler, S. 5 f.
[66] Bultmann, S. 7 f.

# 4. Fazit

Abschließend lässt sich also feststellen, dass Vergleiche nur bedingt weiterführen und nicht ausreichend zum Verständnis der Ereignisse in Kambodscha beitragen. Der eigenständige Charakter der Ereignisse ist in der Schnelligkeit und dem radikalen Ausmaß der Durchführung, determiniert durch seine Eigendynamik, vorzufinden. Auch sollte es nicht darum gehen, die Ereignisse in Kambodscha auf ideologisierte Begriffe wie „Steinzeitkommunismus" oder „Marxismus-Leninismus in Reinform" zu vereinfachen, da sie der Komplexität und Singularität nicht gerecht werden. Bei den Vorgängen in Kambodscha von 1975-1979 spielen zu viele Faktoren eine entscheidende Rolle, um sie mit einem Begriff zu kategorisieren. Der Ursachen der Gewalt lassen sich in der Herrschaftslogik der Roten Khmer selbst vorfinden. Treffend formulierte es bereits im 19.Jahrhundert der Wiener Hofkonzipist und Burgtheaterdichter Franz Grillparzer:

*„Was Logik ist, liegt in der Betrachtung desjenigen, der sie vertritt."*[67]

---

[67] nach Grillparzer Franz

# Literaturverzeichnis

*Barth, Boris* (2006): Genozid. Völkermord im 20. Jahrhundert: Geschichte, Theorien, Kontroversen. Orig.-Ausg. München: Verlag C.H. Beck (Beck'sche Reihe, 1672).

*Bultmann, Daniel* (2017): Kambodscha unter den Roten Khmer. Die Erschaffung des perfekten Sozialisten. Paderborn: Ferdinand Schöningh.

*Bultmann, Daniel*: Die Revolution der Roten Khmer, in: *Glöckner, Olaf; Knocke, Roy* (Hg.) (2017): Das Zeitalter der Genozide. Ursprünge, Formen und Folgen politischer Gewalt im 20. Jahrhundert. Berlin: Duncker & Humblot (Gewaltpolitik und Menschenrechte, Band 1).

*Chandler, David P.* (1999): Brother Number One. A Political Biography Of Pol Pot. New York: Westview Press.

*Fein, Helen* (1993): Genocide. A sociological perspective. [Rev. ed.]. London: Sage.

*Goeb, Alexander* (2016): Das Kambodscha-Drama. Gottkönige, Pol Pot und der Prozess der späten Sühne. Berichte, Kommentare, Dokumente. Hamburg: LAIKA.

*Kiernan, Ben* (2008): The Pol Pot regime. Race, power, and genocide in Cambodia under the Khmer Rouge, 1975-79. New ed. New Haven, Conn., London: Yale University Press.

*Kiernan, Ben* (op. 2009): Erde und Blut. Völkermord und Vernichtung von der Antike bis heute. 1. Aufl. München: Deutsche Verlags-Anstalt.

*Volker Grabowsky*: 30 Jahre nach den Killing Fields: Verlauf und ideologische Wurzeln des kambodschanischen "Roten Terrors", in: *Mählert, Ulrich* (2009): Jahrbuch für Historische Kommunismus-forschung 2009. Berlin: Aufbau.

*Scholl-Latour, Peter* (2014): Der Tod im Reisfeld. Dreißig Jahre Krieg in Indochina. Lizenzausg., 3. Aufl. Berlin: Ullstein.


nach *Grillparzer Franz*, bei https://www.aphorismen.de/, unter https://www.aphorismen.de/suche?f_thema=Logik (zuletzt abgerufen am 28.04.2018)

*Kiernan, Ben* (Founding Director): Cambodian genocide studies programm, veröffentlicht bei https://gsp.yale.edu/ (1997-2008), unter https://gsp.yale.edu/case-studies/cambodian-genocide-program/contact-information (zuletzt abgerufen am 28.04.2018)

*Kloth, Michael*: Kambodschas Killing Fields, Interview mit einem Massenmörder bei http://www.spiegel.de/ (11.02.2008), unter http://www.spiegel.de/ (zuletzt abgerufen am 28.04.2018)

*Rinaldo, Rachel*: Revisiting the Killing Fields: The Khmer Rouge and Globalization, veröffentlicht bei http://www.mekong.net/ (April 1997), unter www.mekong.net/cambodia/revisit.htm (zuletzt abgerufen am 28.04.2018)

*Sharp, Bruce*: The Banyan Tree: Untagngling Cambodian History, veröffentlicht bei http://www.mekong.net/ (07.30.2009), unter http://www.mekong.net/cambodia/banyan1.htm (zuletzt abgerufen am 28.04.2018)

Lightning Source UK Ltd.
Milton Keynes UK
UKHW010703070820
367857UK00003B/633

9 783668 811676